CÓMO CRIAR NIÑOS COMPASIVOS

CÓMO CRIAR NIÑOS COMPASIVOS

HANLEY STANLEY

CONTENTS

Introducción a la crianza compasiva	1
1 Principio básico 1: Modelar un comportamiento comp	5
2 Principio básico 2: enseñar empatía y adoptar pers	8
3 Principio básico 3: Fomentar actos de bondad y ser	11
4 Principio básico 4: Fomentar un entorno positivo e	14
5 Principio básico 5: Establecer límites y disciplin	17
6 El papel de la comunicación en la crianza compasiv	20
7 Cultivar la resiliencia y la autocompasión en los	23
8 Cómo afrontar los desafíos y obstáculos de la cria	26
9 Celebrando la diversidad y promoviendo la inclusió	29
10 La importancia del autocuidado para los padres que	32
Conclusión: Abrazando el camino de la crianza comp	34

Copyright © 2025 by Hanley Stanley

All rights reserved. No part of this book may be reproduced in any manner whatsoever without written permission except in the case of brief quotations embodied in critical articles and reviews.

First Printing, 2025

Introducción a la crianza compasiva

¿Qué significa ser compasivo? Todos podemos reconocer a una persona compasiva cuando la vemos. Son pacientes cuando les contamos las mismas historias una y otra vez. Se ofrecen a ayudarnos cuando tenemos que mudarnos o cuando no podemos sacar a pasear al perro esa noche porque nos sentimos mal. Están listos para darnos un abrazo reconfortante cuando parece que no podemos dominar algo que a todos los demás les resulta tan fácil.

Criar hijos compasivos implica mucho más que enseñarles a identificar un sentimiento en otra persona y reaccionar ante él. Ser una familia compasiva implica respirar el dolor del mundo y actuar para aliviarlo, un pequeño rincón del mundo a la vez. Puede resultar difícil definir exactamente cómo es una familia compasiva, pero intuitivamente reconocemos una cuando la vemos (o la conocemos). Las familias compasivas se destacan.

Para mí, estos cinco valores y prácticas fundamentales de las familias compasivas son lo que las hace tan especiales. A medida que he trabajado, hablado y reído con familias que parecen haber comprendido todo esto de ser un ser humano completamente decente, estos rasgos también parecen ser fundamentales para su carácter. Los padres que parecen vivir su día de una manera muy intencional son compasivos sin complejos. Todos lo definen de manera un poco diferente, pero el comportamiento verdadero, medido y compasivo es un objetivo que resuena profundamente en todo tipo de familias.

Estos son los cinco valores fundamentales que creo que son cruciales para las familias compasivas:

1. La compasión es un proceso de aprendizaje.
2. El verdadero comportamiento compasivo surge de nuestro interior, no de recompensas externas.
3. Ser padres con compasión puede resultar abrumador, pero es necesario.
4. La crianza compasiva es un trabajo relacional pacífico.
5. Tanto los adultos como los niños deben creer que otras personas se preocupan por sus sentimientos para poder acceder verdaderamente a su empatía.

Definición de compasión en el contexto de la crianza de los hijos

La compasión es un valor fundamental ejemplificado por los vínculos relacionales. En el contexto de la crianza, la compasión se conceptualiza como una expresión de bondad amorosa hacia un niño, ya sea en actitud o en conducta. Combina un enfoque en las emociones y experiencias del niño con un deseo de ayudar, una orientación hacia la comprensión de las experiencias del niño y un compromiso para ayudarlo a sobrellevar la situación y hacer cambios en su comportamiento.

La compasión es una respuesta al sufrimiento de los niños, ya sea angustia, tristeza, miedo, ira o incluso felicidad. Esta respuesta a los niños puede ayudar a cultivar valores seguros, confiables y amables de los que se puede aprovechar un mayor potencial de desarrollo. En un nivel existencial profundo, la compasión capacita al niño para gestionar tareas, encontrar motivación interna, confiar y ser receptivo dentro de una nueva gestalt de mundos internos y externos interpenetrantes.

La crianza es fundamental para alejar a los niños del daño y la explotación y guiarlos hacia el bienestar físico y psicológico. Los padres son un modelo de valores, brindan aceptación y crían activamente a los niños para que alcancen y manifiesten su potencial en la vida adulta. Los padres compasivos intentan comprender los sentimientos y las perspectivas de sus hijos y son igualmente rápidos para demostrarles su preocupación.

En esta sección se describen los cinco principios básicos de la crianza basada en el cuidado compasivo, que incluyen los principios de **cuidado**, **claridad**, **compromiso**, **coherencia** y **resolución creativa de conflictos**.

Ampliando cada principio:

1. **Cuidado** :
   - Demostrar interés implica escuchar activamente, empatizar con los sentimientos de su hijo y validar sus emociones.
   - El cuidado también incluye atender las necesidades físicas de su hijo, ofrecerle comodidad y crear un entorno seguro y enriquecedor.
   - Formas prácticas de demostrar cariño: controles diarios, rutinas familiares y tiempo de calidad dedicado.
2. **Claridad** :
   - Claridad significa establecer expectativas, límites y pautas claras para el comportamiento.
   - También implica comunicarse con su hijo de una manera sencilla y comprensible.
   - Formas prácticas de mantener la claridad: reglas consistentes, instrucciones claras y debates abiertos sobre valores y expectativas.
3. **Compromiso** :
   - Comprometerse con el bienestar de su hijo implica estar ahí para él constantemente, demostrar confiabilidad y cumplir las promesas.
   - Se trata de dedicarnos a su crecimiento y apoyarlos ante los desafíos.

- Formas prácticas de demostrar compromiso: Apoyo constante en sus actividades, estar presente en los momentos importantes y hacer tiempo para crear vínculos.

4. **Consistencia** :
    - La coherencia en la crianza ayuda a los niños a sentirse seguros y a comprender las consecuencias de sus acciones.
    - Se trata de ser predecible en tus respuestas y mantener un entorno estable.
    - Maneras prácticas de mantener la coherencia: rutinas regulares, disciplina constante y tradiciones familiares estables.

5. **Resolución creativa de conflictos** :
    - Este principio implica enseñar a los niños cómo manejar los conflictos de manera constructiva y encontrar soluciones que funcionen para todos los involucrados.
    - Incluye el fomento de habilidades de resolución de problemas, empatía y cooperación.
    - Formas prácticas de practicar la resolución creativa de conflictos: representar situaciones de conflicto, discutir sentimientos y soluciones, y fomentar el trabajo en equipo y el compromiso.

CHAPTER 1

Principio básico 1: Modelar un comportamiento comp

Numerosos estudios demuestran que los niños están predispuestos a preocuparse por los demás y a actuar con amabilidad y cooperación desde una edad temprana. Su disposición compasiva se forma particularmente a través de las formas en que los cuidadores responden y modelan la compasión en su vida cotidiana. Como modelos a seguir para sus hijos, la compasión y la empatía de los padres hacia los demás, así como hacia sus hijos, se asocian con el desarrollo de actitudes y conductas prosociales en sus hijos. Incluso antes de la época de la influencia humana de los padres, los bebés están expuestos a un entorno cálido y enriquecedor. Con el tiempo, los valores y las actitudes de los padres como modelos a seguir pueden moldear tanto la base moral como la conducta de un niño.

Elaboración del principio básico: predicar con el ejemplo

A diferencia de enseñar explícitamente a los niños sobre la compasión, el Principio Básico 1 enfatiza el papel clave de los padres como modelo de comportamiento compasivo. En los primeros años, un niño es impresionable y aprende a través de la observación y la imitación. Ya en la infancia, la capacidad de adaptarse a los estados mentales y emocionales de los demás se desarrolla mediante el agarre suave de un cuidador. Los padres son los primeros y principales maestros que muestran a los pequeños en desarrollo cómo cuidar y escuchar con un corazón abierto las diversas emociones y necesidades de los demás. Al ayudar a nuestros hijos a formar una base para la compasión, pueden recurrir a ella en momentos grandes y pequeños porque a menudo es a partir de momentos de pequeños sacrificios e intereses personales inhibidores que nace el crecimiento.

Liderando con el ejemplo

Dar ejemplo a los niños con una vida compasiva implica predicar con el ejemplo. La forma en que los padres actúan y hablan con los demás tiene una influencia increíble en los niños. No solo escuchan las ideas, los valores y las expectativas sociales que se les expresan, sino también las que parecen seguir los padres y otras figuras de autoridad. Cuando hay una contradicción entre las palabras y las acciones, es más probable que escuchen y se dejen influenciar por estas últimas. Por eso, una de las cosas más importantes que pueden hacer los padres es predicar con el ejemplo, tratando a los demás y a sus hijos con paciencia, amabilidad y cortesía. Esto no significa ser un padre perfecto, pero sí significa tener un enfoque profundo de la crianza y demostrar constantemente buena fe en la promoción de los principios básicos.

Es en nuestras interacciones con nuestros hijos que creamos el entorno emocional y psicológico que los ayuda a aceptar, aprender y vivir de la manera que los padres esperan. A continuación, se indican algunas cosas que debemos tener en cuenta para demostrar una vida compasiva a través de nuestra crianza:

1. **Coherencia entre palabras y acciones** :
    - La coherencia entre lo que se dice y lo que se hace es esencial. No se trata solo de enviar un mensaje puntual

sobre generosidad o empatía. Se trata de generar en los niños la perspectiva de que los valores de los que se habla son los correctos y pueden usarse para desenvolverse en el mundo.
- Si usted dice que ser considerado es importante y se lo demuestra a otras personas, es mucho más probable que los niños piensen que a otras personas también les importa ese valor y lo vean como algo razonable para guiar su comportamiento.

2. **Modelando acciones diarias** :
   - Las acciones, realizadas de manera consistente a lo largo del tiempo, son una excelente manera para que los padres brinden un modelo de lo que significa ser un buen adulto.
   - Los actos simples de bondad, paciencia y empatía en las interacciones cotidianas pueden dejar un impacto duradero en los niños.

3. **Creando un ambiente de apoyo** :
   - Un entorno de apoyo emocional y psicológico ayuda a los niños a sentirse seguros y comprendidos, lo que les facilita adoptar comportamientos compasivos.
   - Fomentar la comunicación abierta, validar sus sentimientos y mostrar amor incondicional son componentes clave.

Los padres dan el mejor ejemplo a sus hijos. La constante demostración de un comportamiento compasivo no solo enseña a los niños valiosas habilidades para la vida, sino que también contribuye a crear una futura generación compasiva y empática.

CHAPTER 2

Principio básico 2: enseñar empatía y adoptar pers

Enseñar empatía y tomar perspectivas es el segundo principio de los cinco principios básicos para criar niños compasivos. Inculcar la empatía es posible cuando los niños tienen una idea clara de lo que son las emociones y son capaces de reconocerlas en los demás. Al hablar de las emociones abiertamente, demostramos que son importantes y se pueden entender mejor. Una vez que los niños pueden reconocerlas en sí mismos, pueden reconocer las emociones en los demás. Podemos fomentar la empatía hablando y explicando cómo podrían sentirse otras personas en una situación determinada. También podemos hablar de cómo podrían interpretar otras personas una situación determinada en contraste con cómo la vemos nosotros mismos. Una vez que los niños comprenden bien la toma de perspectiva, también pueden aprender a ser sensibles al expresarse, sabiendo que lo que necesiten expresar podría herir los sentimientos de alguien. Por último, podemos enseñar a nuestros hijos que pueden mostrar interés y preocupación por los demás para que las personas que los rodean se sientan mejor. Si fomentamos continuamente las expresiones de interés, con el tiempo se convertirán en un hábito.

La adopción de perspectivas es importante para que el niño se convierta en la primera base de su camino hacia la compasión. Si los niños pueden desarrollar un fuerte sentido de comprensión desde la perspectiva de otra persona, pueden estar en camino de desarrollar un sentido activo de preocupación e interés por mejorar las experiencias de quienes los rodean. La empatía se basa en la comprensión de las emociones y la capacidad de adoptar la perspectiva de otra persona. Mientras que la simpatía es simplemente el sentimiento de una emoción, la empatía es la alineación de la preocupación por mejorar las cosas.

Elaboración del principio básico: enseñar empatía y adoptar perspectivas

La era de la reflexión sobre el individualismo dominante ha producido un estigma contra el uso de la palabra empatía. Su uso como sinónimo de la palabra "simpatía" y las connotaciones asociadas a ella han sido tan negativas en nuestro vocabulario actual que se ha olvidado el uso común de la palabra empatía como una forma de mediación. La empatía y la compasión no son programas profundamente biológicos, sino que implican múltiples procesos que no logran comunicarse entre sí de manera sencilla y elegante.

Desarrollando la inteligencia emocional

Inteligencia emocional: empatía y adopción de perspectivas

Un componente importante para crear un clima compasivo es enseñar inteligencia emocional. La inteligencia emocional abarca las habilidades de empatía, resolución pacífica de conflictos y solución de problemas interpersonales. La parte más esencial de la inteligencia emocional es la empatía. La empatía incluye la capacidad de adoptar la perspectiva descrita anteriormente. Con esta habilidad, podemos ver desde el punto de vista de otra persona. Pensamos en sus sentimientos y experiencias, así como en los nuestros.

La empatía aumenta a medida que nos volvemos más alfabetizados emocionalmente. Cuando podemos ponerle nombre a lo que sentimos nosotros o lo que otra persona siente, tenemos un nuevo nivel de control. Este nivel de control, a su vez, mejora nuestra capacidad de ser empáticos o compasivos. Para aumentar las acciones compasivas en los niños, los padres deben ayudarlos a desarrollar un vocabulario variado de palabras que relacionen los sentimientos, reconocer sus propios sentimientos y los de los demás con estas palabras y aprender a afrontar y resolver problemas o introducir conductas alternativas que resulten en acciones compasivas.

La inteligencia emocional es fundamental para que los padres comprendan cómo debemos enseñar a nuestros hijos a ser empáticos. Tanto la inteligencia emocional como la empatía son expresiones de amor elegidas conscientemente. Cada vez hay más recursos, cursos y estudios disponibles sobre ejercicios de alfabetización emocional en universidades y escuelas locales. Las revistas académicas contienen muchos estudios que muestran una correlación directa entre la inteligencia emocional y el éxito educativo y el éxito general en el mundo laboral. Muchos creen que, como adultos, si se desarrollaran más en esta área, la vida de sus hijos también se beneficiaría.

Aunque algunos niños nacen con más empatía que otros, existen diversas técnicas y ejercicios de crianza que pueden ayudar a fomentar la naturaleza compasiva de los niños. Es posible que los niños a menudo sientan lo que sienten los demás porque pueden imitar fácilmente los tonos vocales y las expresiones faciales de los demás para desarrollar o disminuir la empatía. Incluso cuando los niños nacen con algunas de estas tendencias hacia la empatía, es necesario fomentar este rasgo para que se fortalezca. Los padres deben ser directos a la hora de acelerar el desarrollo de sus hijos en esta área. Ayudar a los niños a desarrollar un sentido de empatía y sensibilidad puede ser más importante que cualquier habilidad que se pueda enseñar.

CHAPTER 3

Principio básico 3: Fomentar actos de bondad y ser

Fomentar los actos de bondad y servicio es el tercer principio de los cinco principios básicos para criar hijos compasivos. Podemos hacer un mejor trabajo en la crianza de niños compasivos. Una suposición generalizada ha sido que la empatía está presente o ausente, mientras que la investigación más reciente sugiere que es más como un músculo que, cuando se ejercita, crece. Una vez que los padres comprenden la importancia de fomentar la empatía en sus hijos, suponen que la compasión y el deseo de servir surgirán de manera natural.

El principio de servicio se aplica a todas las edades y capacidades. El servicio puede considerarse como una poderosa herramienta de enseñanza de la responsabilidad social en las aulas, en la creencia de que actuar como una persona compasiva hará que los niños se conviertan en personas amables. Este valor del servicio, junto con los otros cinco principios básicos, guía el programa "El lenguaje de la compasión" desarrollado en las escuelas públicas de Tacoma. "Creemos que, en última instancia, el deseo de aliviar el sufrimiento de los demás, ayudándolos a salir de su lugar de dolor, conduce a actos de bondad". Los educadores del Search Institute, siguiendo un camino diferente, vinculan cada valor moral fundamental a una habilidad y a oportunidades de instrucción. Por ejemplo, el valor de la compasión se considera como mostrar preocupación por los demás, hablar sobre cómo se siente ser excluido y practicar la ayuda a quienes sufren acoso. Según el Instituto, los niños verdaderamente "solidarios" (aquellos que muestran compasión) también están motivados para convertirse en ciudadanos responsables.

El altruismo (el deseo desinteresado de ayudar a los demás) es un concepto distinto de la compasión. Normativamente, el altruismo sería más parecido a la idea de servicio, donde la compasión estaría a la par de otras ideas y actitudes. De esta manera, el altruismo encaja en la moral y los valores del lado izquierdo del esquema de Wilson, mientras que la compasión se sitúa en el medio, dentro de lo que Wilson denomina "virtud". El altruismo incluye la recolección de ositos de peluche para los niños de un país asolado por la guerra o la donación de dinero para comidas. El cuidado consiste en ideas relacionadas con la bondad, como sentir preocupación por aquellos que son tratados mal o que están enfermos.

Elaboración del principio básico: Fomentar los actos de bondad y servicio

No basta con enseñar empatía. Debemos alentar activamente a nuestros hijos a realizar actos de bondad y servicio. Esto los anima a practicar la empatía de manera tangible y a ver el impacto directo que sus acciones pueden tener en los demás. Al incorporar estas actividades a sus vidas, ayudamos a fomentar un sentido de responsabilidad social y a construir un carácter compasivo.

Voluntariado en familia

El voluntariado en familia es una forma poderosa de demostrar que nos preocupamos por los demás y que estamos en contacto con el lado más profundo y compasivo de la vida. Cuando los niños se ofrecen como voluntarios, se sienten valiosos y competentes. Forman parte de una comunidad, conocen a personas de diversos orígenes, comparten experiencias y se identifican con quienes tienen menos, todo ello mientras comparten la calidez y la compasión de los adultos que los cuidan en sus vidas.

A continuación se presentan algunas actividades de voluntariado para toda la familia que se pueden considerar:

- **Prepara y entrega un sándwich de pavo a una persona sin hogar** : explica la importancia de la caridad y de ayudar a los demás.

- **Consulte el periódico local para conocer oportunidades de voluntariado para toda la familia** : busque actividades en las que los niños puedan participar, como tutorías de lectura, entrenamiento deportivo o recaudación de fondos para una causa local.

- **Participe en campañas benéficas** : recolecte artículos como ositos de peluche para niños necesitados o donaciones para los bancos de alimentos locales.

Antes de iniciar actividades familiares, consulte con las agencias locales sobre oportunidades de voluntariado adecuadas para la edad. Algunas organizaciones pueden tener restricciones de edad para garantizar la seguridad y controlar la sobreestimulación emocional de los niños más pequeños.

Al modelar la ética de la caridad e invitar a los niños a participar en su nivel, los padres pueden inculcar un sentido duradero de compasión y servicio en sus hijos.

CHAPTER 4

Principio básico 4: Fomentar un entorno positivo e

La creación de un entorno propicio es fundamental para fomentar el desarrollo, el mantenimiento y la generalización de conductas prosociales en los miembros de la familia. Es difícil compartir y preocuparse cuando nos bombardean con negatividad. Los entornos que transmiten empatía, respeto e inclusión favorecen el desarrollo de la cordialidad en los miembros de la familia. Cuando los niños se sienten respetados, aceptados y escuchados, es más probable que presten la misma atención positiva a los demás.

Nuestra definición formal de crear un mundo de bondad comienza en nuestro hogar. Un artículo de investigación completado por David Hamilton (becario de posdoctorado en el laboratorio central de Northeastern) que apareció en Scientific American en 2018 identificó que la empatía, la compasión y el bienestar general de los miembros de la familia pueden verse afectados positivamente a través de un cambio en la dinámica en la mayoría de los hogares. Estas dinámicas incluían la inclusión y el espacio para compartir emociones dentro del hogar. Específicamente para fomentar el amor y la bondad en los niños, Hamilton argumentó que "para criar niños más compasivos y afectuosos, los padres pueden necesitar reevaluar y reconfigurar algunas de las formas en que abordan la crianza". Con sus cualidades empáticas y creativas, eligiendo seguir el espíritu del argumento de Hamilton, nuestro equipo ha desarrollado 5 principios básicos de la crianza. La siguiente tabla describirá estos 5 principios básicos. Hoy nos centraremos en el principio básico n.º 4.

PRINCIPIOS FUNDAMENTALES DE LA CRIANZA:

- Principio n.° 1: ¡Convertirse en adultos compasivos es lo más importante que nuestros hijos harán en su vida!
- Principio #2: Dar el ejemplo dice mucho a nuestros hijos: las palabras hacen la música, la melodía inherente es la empatía de otra persona.
- Principio #3: ¡Crear un mundo de bondad comienza en casa!
- Principio #4: ¡Fomentar la compasión es nuestra responsabilidad!
- Principio #5: Fomentar la compasión en nuestros hijos no siempre es obvio, así que busque momentos de enseñanza.

Creando una cultura de aceptación

Acepte la individualidad de su hijo celebrando sus cualidades y diferencias únicas. Esto puede incluir diferencias en el coeficiente intelectual y el éxito académico si su hijo no encaja en el molde académico tradicional, diferencias físicas y más. Los padres a menudo enfrentan a los niños entre sí al elogiar a uno de ellos, a menudo el más atlético o el más exitoso académicamente, y usar este elogio como medida para compararlo con sus hermanos y compañeros.

Fomente la comprensión y la compasión por los demás en el círculo social de su hijo, dando ejemplo y enseñándoles el respeto por las diferencias que puedan tener los demás. Es importante crear una cultura familiar y en el hogar que se centre en las diferencias y la diversidad como una fortaleza, ya que esto también fomenta la valoración de uno mismo. Anime a su hijo a identificar una característica única de sí mismo que aporte a su grupo de amigos. La infancia y la adolescencia son una época en la que la aceptación y la pertenencia a grupos sociales suelen ser primordiales. Ayude a su hijo a ver el valor de las diferencias individuales entre los miembros de cualquier grupo al que pertenezca.

Cree debates familiares o haga preguntas directas sobre compañeros de clase o de equipo que puedan tener diferencias de aprendizaje, intelectuales o físicas que provoquen que los demás se burlen de ellos. Pregúnteles cómo perciben estos eventos los compañeros de clase y los estudiantes afectados en su escuela o club y qué podrían hacer para cambiar la cultura. Ofrézcale información objetiva a su hijo sobre las discapacidades y enséñele que las personas también tienen diferencias internas que deben ser atendidas de alguna manera.

CHAPTER 5

Principio básico 5: Establecer límites y disciplin

Establecer límites y una disciplina constante y amorosa es el quinto principio de los cinco principios básicos para criar niños compasivos. Desde los bebés más pequeños hasta los adolescentes más alborotadores, los niños necesitan límites para su propio desarrollo moral y social. Sin límites claros, orientación y consecuencias apropiadas para las malas decisiones, los niños tendrán muchas dificultades para aprender a distinguir el bien del mal. No se sentirán responsables de sus acciones, no desarrollarán empatía hacia los demás y no podrán superar la adversidad.

Sin embargo, una disciplina excesiva tampoco es ideal. Una disciplina excesiva o simplemente injusta puede dañar emocionalmente a los niños y convertirlos en acosadores o en víctimas frecuentes del acoso escolar. El uso de la fuerza física o la demonización de los niños puede aumentar la probabilidad de que cometan delitos o incluso de que cometan conductas delictivas.

La mejor disciplina es firme pero justa y clara en sus límites. Los niños deben saber qué esperar si rompen las reglas. Hágales saber por qué están establecidas: porque los ama y quiere que estén seguros y que crezcan para ser miembros responsables y solidarios de la sociedad. Los expertos en cuidado infantil recomiendan hablar y acordar con sus hijos las reglas y consecuencias adecuadas, y ajustarlas a medida que crezcan y puedan asumir más responsabilidades.

Equilibrar la firmeza con la comprensión

Según la Dra. Darcia Narvaez, psicóloga de la Universidad de Notre Dame, la buena crianza no consiste en "controlar a los niños para que sean ordenados y parezcan exitosos". Más bien, como escribe en *Psychology Today*, el objetivo es motivarlos y guiarlos de maneras que estimulen los buenos impulsos internos para que funcionen bien en armonía. Una gran parte de lograr eso es equilibrar la firmeza con la comprensión. Los padres necesitan reglas y deberían ser padres y no amigos, pero los hijos/nietos aprenden de la experiencia. Al ayudar a los niños a aprender a tomar buenas decisiones mediante una firmeza amable, pueden aprender a ser compasivos consigo mismos y con los demás, y ser más aptos para la vida en comunidad y la autorrealización.

La Dra. Narváez y su equipo han elaborado "Los 5 principios básicos de la crianza" para fomentar niños compasivos, que se basan en dicha comprensión de la naturaleza humana.

Según Vivian Diller, psicóloga con un consultorio privado en la ciudad de Nueva York, donde trabaja con familias, una línea muy fina que hay que seguir en la crianza de los hijos es la de establecer límites y disciplinar a la vez que se es compasivo. "La mejor manera de hacerlo es mediante la disciplina", que proporciona a los niños pautas o normas, afirma. "Al establecer límites, les enseñamos valores, empatía, pensar antes de actuar, consecuencias", afirma, "todo lo cual está incluido en la compasión. También les enseñamos autocontrol, que es necesario para frenar la ira y sintonizar con los sentimientos de los demás. En otras palabras, la voluntad y las habilidades cognitivas necesarias para ser compasivo son las mismas habilidades e intenciones que se aprenden cuando se les imponen límites y, con el tiempo, se aprende de los propios errores y éxitos". Los padres deben desarrollar un buen criterio sobre los límites, añade. Un padre debe preguntarse si una norma es razonable y si se está aplicando de forma razonable.

CHAPTER 6

El papel de la comunicación en la crianza compasiv

Comunicación: Es la manera en que les decimos a las personas que nos rodean que las amamos y las entendemos. Ayudar a los niños a desarrollar habilidades de comunicación efectivas los beneficia más allá de saber cómo articular eficazmente sus pensamientos y sentimientos. Les enseña a escuchar activamente las ideas y emociones de los demás, a empatizar con ellos y a hablar en nombre de aquellos cuyas voces son demasiado pequeñas para ser escuchadas. Esta es la clave para una colaboración compasiva que va más allá de aprovechar el poder y el miedo para ganar seguidores y abrir corazones.

En un mundo en el que la compasión suele considerarse una debilidad, no podemos ayudar a los niños a encontrar la fuerza que surge de mostrarla sin comprender los principios básicos del diálogo ético, ni podemos esperar que se inicie sin imitarlo. Queremos criar niños que se sientan con derecho a respetar a los demás, que quieran hablar con las personas cuando sufren y tratarlas con amabilidad. Mary Gordon, fundadora de Roots of Empathy, dice a los padres: "A menos que sus hijos sean buenos comunicadores, es muy difícil hacerlo". Según la consultora psicoeducativa Michele Borba, "los niños bondadosos, afectuosos y empáticos también son buenos comunicadores". Por el contrario, dice, "si su hijo no puede comunicarse o escuchar las opiniones de otra persona, ¿cómo podría comunicar compasión o escuchar a alguien que lo necesite?" Un principio básico sólido de la comunicación compasiva es que el padre o el educador crea que el niño tiene la capacidad de desarrollar ese nivel de competencia, éticamente.

Escucha activa y diálogo abierto

Los padres pueden fomentar la compasión en sus hijos si les ofrecen un diálogo abierto y escuchan activamente sus problemas y comentarios. La escucha activa implica oír y comprender verdaderamente lo que dice la otra persona. Esto también significa que no debemos juzgar lo que se ha dicho hasta que tengamos una comprensión firme de lo que la otra persona está intentando comunicar. Al escuchar, recuerde que escuchar incluye la comunicación abierta y no verbal. A veces, captamos emociones por la forma en que una persona se encorva o se da la vuelta cuando hablamos. La escucha activa también implica responder. Después de escuchar lo que dice una persona, a menudo es recomendable afirmar lo que se ha dicho antes de expresar opiniones o llegar a un entendimiento mutuo.

La escucha no verbal con niños implica establecer contacto visual, escuchar lo que el niño está diciendo y reconocer su contribución. También se trata de darle tiempo al niño para que diga lo que piensa. Esta forma de escuchar puede abrir un espacio para que se desarrolle la confianza entre el padre y el niño y ayudar a los niños a desarrollar un sentido de empatía cuando el oyente es empático o sensible. Con la comunicación verbal o no verbal, los niños (así como los adultos) pueden sentir cuando otros expresan sus sentimientos y reflejarlos en ese momento a través de sus gestos no verbales.

Escuchar activamente es una buena herramienta para hablar con los niños, además de ser una excelente manera de entablar una mejor comunicación con ellos. No solo le ofrece a su hijo la oportunidad de hablar sobre lo que piensa, sino que también le ayudará a identificar cualquier problema que pueda necesitar atención. Esto les dice a los niños que son importantes. Los niños aprenden mejor haciendo, y comunicarse activamente con ellos proporciona un buen modelo para la crianza. La reacción de un padre a la comunicación de un niño (ya sea positiva o negativa) le mostrará al niño cómo debe comportarse cuando quiera comunicarse con otros en el futuro.

CHAPTER 7

Cultivar la resiliencia y la autocompasión en los

Dos constructos importantes que benefician el bienestar mental y emocional son la resiliencia y la autocompasión. La resiliencia es la capacidad de recuperarse después de haber sido derribado, de superar la adversidad o los desafíos y de desarrollar la determinación o una mentalidad de crecimiento. Representa el coraje y la fuerza para tolerar y superar la incomodidad de una situación. En los niños, la resiliencia tiene una relación muy estrecha con la capacidad de resolución de problemas.

Cada vez hay más pruebas que sugieren que la autocompasión, descrita como la bondad volcada hacia el interior, cuando nos damos a nosotros mismos las mismas respuestas cariñosas que ofrecemos a nuestros amigos, está relacionada con la competencia social general, la adaptación general y la disminución de los síntomas de ansiedad y depresión. Ayuda tanto a reconocer el malestar como a animarse a afrontar la situación. Cultivar la resiliencia y la autocompasión en los niños es, de hecho, una combinación perfecta con el principio de la crianza con compasión. Surge la pregunta de cómo podemos cultivar estos dos rasgos en los niños. Los padres son los principales agentes socializadores y pueden influir en gran medida en el desarrollo de estas dos importantes virtudes. A continuación, se presentan algunas formas en las que los padres pueden trabajar estas capacidades en los niños:

1. **Fomente una mentalidad de crecimiento** : enseñe que los obstáculos son oportunidades para crecer y desarrollarse, no amenazas.
2. **Déjenles resolver los problemas** : en lugar de resolverles los problemas, déjenles sentir el fracaso al principio y luego ayúdenlos a encontrar soluciones por sí mismos.
3. **Modelo de autocompasión** : Mostrar una actitud de autocompasión hacia uno mismo cuando se enfrenta a deficiencias personales.
4. **Fomentar la identificación de puntos fuertes** : animar a los niños a identificar sus puntos fuertes. Ser consciente de las propias capacidades y tener confianza en ellas ayuda a generar una respuesta resiliente, que reducirá los sentimientos de impotencia.
5. **Modelar un enfoque de resolución de problemas con una mentalidad de crecimiento** : demostrar cómo abordar los problemas con una mentalidad de crecimiento.
6. **Fomente la autocompasión** : anime a los niños a ser sus propios mejores amigos.

Desarrollar una mentalidad de crecimiento

Los niños reciben constantemente mensajes sobre cómo ser el mejor, sacar buenas notas o destacarse en ciertas actividades. Los psiquiatras y psicólogos infantiles advierten sobre la carga que supone para la salud mental tratar de ser perfectos. Educar a los niños para que tengan una mentalidad de crecimiento puede ser uno de los mejores regalos que un padre puede ofrecer.

La Dra. Kristin Neff, una destacada investigadora en el campo de la autocompasión, examinó cómo las personas perseveraban o se daban por vencidas ante un anagrama irresoluble. Lo que descubrió es que las personas que tenían una mentalidad fija y hacían atribuciones internas se culpaban a sí mismas por no ser capaces de resolver el rompecabezas. Las que tenían una mentalidad de crecimiento, o la creencia de que lo harían mejor la próxima vez, se esforzaban más y eran resilientes frente a los reveses.

Los entusiastas de la mentalidad de crecimiento, como Carol S. Dweck, investigadora de la Universidad de Stanford, identificaron que los niños con una mentalidad "fija" creían que su inteligencia era simplemente un rasgo fijo sobre el que tenían poco control sobre los resultados. Estos niños pueden sentir a menudo que tienen algo que demostrar. Pero los niños con una mentalidad de crecimiento, en cambio, perciben los talentos y las habilidades como puntos de partida. Creen que a través de la dedicación, el trabajo duro y el esfuerzo, pueden alcanzar su máximo potencial. Dweck entiende que, en esencia, el poder del "todavía" y el reconocimiento de las luchas presentes (que conducen a una mentalidad de crecimiento) es un acto de autocompasión.

Cultivar una mentalidad de crecimiento en los adultos es algo hermoso y poderoso, así que ¿por qué no empezar desde la infancia? Enseñarles los diferentes significados de fracaso, preparación, posibilidad, oportunidad y decepción los ayudará a desarrollar resiliencia y autocompasión.

CHAPTER 8

Cómo afrontar los desafíos y obstáculos de la cria

Así como la paz no es simplemente la ausencia de guerra, la compasión no es simplemente la ausencia de crueldad o sufrimiento. Cuando nos enfrentamos a desafíos, como todos experimentamos de vez en cuando, la compasión también implica comprensión respetuosa, amabilidad e incluso calidez genuina. Nos permite respetar el "instinto de felicidad" de otra persona, como describe el Dalai Lama, algo que compartimos desde el momento en que nacemos. Este es un punto muy importante a tener en cuenta en la crianza de nuestros hijos. Cuando abordamos los problemas que nuestros hijos tienen con los demás, desde las burlas leves hasta el acoso más extremo, es muy fácil entrar en una guerra con ellos y ver la compasión por los demás como nada más que una rendición. Sin embargo, esto está muy lejos de ser así. La verdadera compasión implica empatizar con su hijo, pero también comprender respetuosamente qué puede estar causando que los demás actúen con crueldad. Tiene que tener cuidado de hablar sobre las razones detrás de las acciones crueles de los demás de una manera que no haga que su hijo se sienta responsable por la forma en que está siendo tratado. En cambio, le está dando una visión mucho más equilibrada de lo que realmente podría estar sucediendo.

¿Por qué la terapia resulta tan atractiva, especialmente para los niños? La respuesta es sencilla: anhelamos ser escuchados y respetados. Anhelamos empatía. Cada vez que sientas que tus propios instintos compasivos pasan a un segundo plano, imagina que eres un niño de cinco años que recibe un trato injusto de un amigo que ha traicionado tu confianza o una niña de doce años en octavo grado que intenta desesperadamente que su cuerpo único, siempre cambiante y esbelto coincida con las imágenes imposibles y estáticas de belleza que la bombardean día tras día. Muchas veces esto es exactamente lo que nuestros hijos necesitan que hagamos: ponernos en su lugar o, mejor aún, simplemente escuchar su experiencia, sin intentar "arreglar" o resolver nada. Tomarse el tiempo para escuchar sin juzgar estas preocupaciones crea un espacio seguro para que los niños se vuelvan más resilientes. Si tu hijo no se siente escuchado, tendrá dificultades para estar abierto a lo que tienes que decir.

Cómo afrontar el acoso y la presión de grupo

Hoy en día, el acoso no se limita a la agresión física. Puede darse a través de Internet y perpetuarse mediante la exclusión, la difusión de rumores y el acoso cibernético. Uno de cada cuatro niños pequeños afirma haber sido víctima de este tipo de ataques. Todo padre responsable se alarma justificadamente ante esta perspectiva. Pero nuestro impulso natural de proteger puede llegar demasiado lejos, ya que imaginamos situaciones de ridículo o agresión a las que nuestros hijos podrían enfrentarse. Podemos catastrofizar, volvernos sobreprotectores y socavar la resiliencia de nuestros hijos.

Los padres suelen preocuparse por cómo prevenir el acoso, pero tal vez no piensen en cómo ayudar a los niños a procesarlo y seguir adelante después del hecho. ¿Cuánto significan las amistades de su hijo para su felicidad? ¿Cómo se sienten cuando ven que alguien más está siendo acosado, molestado o excluido? Hay una acción de habilidad que sustenta todas las demás acciones que su hijo puede elegir a partir de estas conexiones, y es la acción de la empatía: ponerse en el lugar del otro. Dejar que la empatía de su hijo guíe sus acciones contribuirá en gran medida a que tome decisiones amables y compasivas. Comunicar valores claros, como la importancia de la comunidad, la generosidad, la resistencia contra la exclusión, etc., es importante. Es bueno recordarle a su hijo en momentos tensos un valor en particular (y a menudo también es efectivo: "¿Qué harías si alguien empujara a tu amigo?").

CHAPTER 9

Celebrando la diversidad y promoviendo la inclusió

Como padres, debemos empezar a hablar y exponer a nuestros hijos a todos los matices de significado, emoción y percepción que conforman nuestra vasta y diversa experiencia humana. Ya sean las historias y tradiciones de personas de diferentes orígenes religiosos o la educación sobre las vidas de personas de diferentes razas, géneros u orientaciones sexuales, aceptar la diversidad y la inclusión nos lleva directamente a criar niños que puedan defender sus derechos y que busquen incluir a los demás. A continuación, se presentan cinco formas en las que los padres pueden trabajar sobre estos principios:

1. **Modelo de ser un buen vecino :**
    - Conozca a personas diferentes a usted y pregúnteles sobre sus experiencias. Infórmese sobre las diferentes tradiciones y celebraciones que se llevan a cabo en su comunidad local.
    - Comparte tus historias y tu herencia familiar con tus hijos. Visita lugares con diversidad cultural y étnica.

- En festivales o eventos especiales, puedes aprender y apreciar diferentes comidas, juegos, arte, bailes y música.
- También descubrirás cosas interesantes sobre las personas, las familias y las tradiciones de tu comunidad.
2. **Desarrollar las 3 D: diálogo, diferencia y dignidad** :
    - Creemos que cada niño que nace en este mundo, como cada adulto, es un ser humano valioso con el potencial de dar y hacer una contribución significativa a su comunidad.
    - Para criar niños que prosperen y hagan una diferencia positiva en el mundo, necesitan una exposición sustancial a las diferencias y la oportunidad de desarrollar una comprensión respetuosa y compleja de sí mismos y de los demás.
3. **Descubra quiénes son sus vecinos** :
    - Ayude a sus hijos a aceptar el mundo en toda su diversidad y bríndeles oportunidades auténticas de conocer personas de diferentes culturas.

Explorando diferentes culturas y tradiciones

No hace falta ir más allá de los tumultuosos acontecimientos de 2021 para ver que nuestra sociedad sigue plagada de profundas divisiones, algunas de las cuales han provocado una considerable hostilidad y malestar. Naturalmente, esto supone un reto interesante para los padres que se esfuerzan por criar hijos comprensivos y compasivos. La preparación de los hijos para desenvolverse en un mundo pluralista comienza por reforzar la inclusión desde una edad temprana dentro de la unidad familiar. Los principios que se analizan en esta sección tienen como objetivo exponer a los hijos a una amplia gama de experiencias culturales. El resultado es que los niños adquirirán conocimientos sobre las vidas, los puntos de vista y las costumbres de los demás, un primer paso hacia el desarrollo de la empatía y la compasión por personas de todo el mundo.

Una de las formas más eficaces de enseñar a sus hijos a ser personas empáticas es demostrar con sus acciones que aprecia a un grupo diverso de personas y que disfruta interactuando con ellas. No deje de apreciar a las personas que son diferentes a usted y no intente ocultárselo a sus hijos. De hecho, cuando admire a alguien por su forma diferente de ver el mundo, dígale que lo hace. Si sus elogios son lo suficientemente fuertes, el niño a menudo entablará una conversación con esa persona sobre su cultura o tradición. Esta es una forma sencilla y fácil de tender puentes entre las diferentes culturas que se encuentran en sus diversas comunidades.

Además, si se informa a los niños de lo que ocurre en el mundo viendo las noticias, leyendo el periódico o blogs de Internet, se puede contribuir a que se conviertan en ciudadanos del mundo. Al estar más informados de lo que ocurre en el mundo, pueden ser más conscientes de los problemas que enfrentan sus compañeros de otros países.

CHAPTER 10

La importancia del autocuidado para los padres que

El autocuidado es esencial para los padres que desean criar hijos compasivos. Cuanto más cuide de su propio bienestar, mejor podrá cuidar del bienestar de su hijo. Su actitud tranquila actuará como una señal tranquilizadora para su hijo. Priorizar la forma en que lo perciben como padre por sobre los sentimientos y necesidades reales de su hijo obstaculizará su capacidad de ayudarlo a conectarse con los demás y ser compasivo con ellos.

Priorizar el bienestar mental y físico

Como padre dedicado, usted desea lo mejor para sus hijos. En una época de inmenso cambio cultural y social, puede resultar difícil guiar a los niños en las direcciones que más los beneficiarán y les permitirán tener éxito en la vida. A pesar de todos estos cambios, los objetivos duales de criar hijos solidarios y promover su bienestar social, emocional y moral se han mantenido prácticamente constantes a lo largo de las generaciones. Afortunadamente, las investigaciones sugieren que los padres pueden generar cambios positivos, mejorando los derechos innatos de los niños para que desarrollen su potencial como individuos compasivos y solidarios. Para que la crianza compasiva sea óptima, una condición previa fundamental de la crianza compasiva es que los padres prioricen su propio bienestar mental y físico.

Su bienestar mental y físico es el precursor de su capacidad para fomentar las fortalezas y convertirse en un modelo de compasión en la vida de su hijo. Cuando usted está bien, encarna un modelo de bienestar mental que puede comunicar una preocupación compasiva y empática. De esta manera, los enfoques psicoeducativos y biblioterapéuticos enseñan a los padres a cuidarse a sí mismos para que puedan actuar de manera eficaz y compasiva. Al aumentar intencionalmente sus propios niveles de bienestar, los padres pueden ayudar a dar forma al futuro social, emocional e incluso financiero saludable de sus hijos.

Centrarse en la propia salud mental y física cuando los hijos tienen dificultades y sufren puede parecer casi imposible, pero la compasión no es un recurso inagotable. Las investigaciones sugieren que los padres que siguen prácticas de cuidado compasivo reducen el riesgo de recaídas y experimentan menos síntomas depresivos y ansiosos incluso durante la fase aguda de un episodio de depresión mayor. Los estudios indican que cuando los padres practican intervenciones basadas en la fortaleza y eligen intencionalmente aumentar su propio bienestar, se benefician de muchas maneras y, como resultado, sus hijos también parecen beneficiarse. Al final, los niños criados por padres capacitados en compasión se abren a aprender formas compasivas de ser.

Conclusión: Abrazando el camino de la crianza comp

Para Shannon Hough, la práctica de la crianza compasiva no se puede reducir a una sola cosa o cualidad. En las muchas decisiones, interacciones, actitudes y habilidades interrelacionadas que transmite, la crianza en sí misma se convierte en un ejercicio creativo de lo que puede ser la compasión. Esto gira en torno a inculcar valores y buscar oportunidades para crecer más amablemente y más cerca, haciendo que la belleza, el amor y la diversión sean bellos. De muchas maneras, a veces redundantes, se destacan los cinco principios básicos de la crianza compasiva, favoreciendo un enfoque holístico en lugar de atomizado. De hecho, inculcar valores es un trabajo que nunca se completa por completo; para el padre que lo elige, la compasión es un proyecto de toda la vida.

La práctica de guiar y cuidar a los hijos que se desarrolla en la crianza compasiva es el tema de este ensayo, que traza principios básicos a través de las obligaciones y actitudes que implica para los padres. Este estilo de crianza convierte el proceso mismo de la crianza de los hijos en un compromiso con la crianza compasiva de grandes seres humanos. Al observar la co-creación de una vida compartida y trabajar para cultivar valores, se describe la historia de la crianza y, más ampliamente, el objetivo paciente y gentil de convertir a los participantes en personas nuevas y mejores. La crianza relacional, atenta y compasiva permite pocas generalizaciones sobre lo que su hijo necesita en su interacción con él por una razón: todas las personas (incluso los pequeños) son únicas, y lo que necesitan para convertirse en modelos de belleza genuina no se puede codificar en instrucciones paso a paso.

Aceptar el camino de la crianza compasiva implica comprender que se trata de un proceso continuo y en evolución. Se trata de estar abierto a aprender, crecer y adaptarse a medida que usted y su hijo transitan juntos por la vida. Cada interacción y decisión que tome sienta las bases para un futuro compasivo, no solo para su hijo, sino para el mundo que él ayudará a moldear.